Organizado por Sahaja Mascia Ellero
Ilustrado por Nicoletta Bertelle

MENSAGENS DE
Yogananda
PARA INSPIRAR SUA VIDA INTERIOR

40 Cartas Ilustradas Acompanhadas com um Guia de Consultas

Tradução
Denise de Carvalho Rocha

Editora
Pensamento
SÃO PAULO

Título do original: *The Cards of Yogananda for Superconscious Guidance*.
Copyright © 2019 Ananda Edizioni.
Copyright © 2019 Hansa Trust.
Publicado originalmente por Ananda Edizioni – Fraz. Morano Madonnuccia 8- 06023 Gualdo Tadino (PG) – Itália, com Crystal Clarity, Publishers, 14618 Tyler Foote Road, Nevada City, CA 95959, tel. 530.4787600, www.crystalclarity.com
Organizado por Sahaja Mascia Ellero.
Ilustrações de Nicoletta Bertelle.
Copyright da edição brasileira © 2021 Editora Pensamento-Cultrix Ltda.
1ª edição 2021./ 1ª reimpressão 2023.
Todos os direitos reservados. Nenhuma parte deste livro pode ser reproduzida ou usada de qualquer forma ou por qualquer meio, eletrônico ou mecânico, inclusive fotocópias, gravações ou sistema de armazenamento em banco de dados, sem permissão por escrito, exceto nos casos de trechos curtos citados em resenhas críticas ou artigos de revista.
A Editora Pensamento não se responsabiliza por eventuais mudanças ocorridas nos endereços convencionais ou eletrônicos citados neste livro.

Editor: Adilson Silva Ramachandra
Gerente editorial: Roseli de S. Ferraz
Gerente de produção editorial: Indiara Faria Kayo
Editoração eletrônica: Join Bureau
Revisão: Luciana Soares da Silva

Dados Internacionais de Catalogação na Publicação (CIP)
(Câmara Brasileira do Livro, SP, Brasil)

Mensagens de Yogananda: para inspirar sua vida interior: 40 cartas ilustradas acompanhadas com um guia de consultas / organização Sahaja Mascia Ellero; ilustração Nicoletta Bertelle; tradução Denise de Carvalho Rocha. – 1a. ed. – São Paulo: Editora Pensamento Cultrix, 2021.

Título original: The Cards of Yogananda for Superconscious Guidance
ISBN 978-65-87236-68-1

1. Autoconhecimento 2. Espiritualidade 3. Desenvolvimento pessoal 4. Sabedoria 5. Yogananda, Paramahansa, 1893-1952 I. Ellero, Sahaja Mascia. II. Bertelle, Nicoletta.

Índices para catálogo sistemático:
1. Mensagens: Ensinamentos: Espiritualidade   133
Aline Graziele Benitez – Bibliotecária – CRB-1/3129

Direitos de tradução para o Brasil adquiridos com exclusividade pela
EDITORA PENSAMENTO-CULTRIX LTDA., que se reserva a
propriedade literária desta tradução.
Rua Dr. Mário Vicente, 368 – 04270-000 – São Paulo – SP – Fone: (11) 2066-9000
http://www.editorapensamento.com.br
E-mail: atendimento@editorapensamento.com.br
Foi feito o depósito legal.

Agradecemos a todos aqueles que participaram espiritual e financeiramente da realização deste trabalho.

Sumário

Nota da organizadora 9

Nota da ilustradora.. 13

A origem das cartas de Yogananda 17

O objetivo das Cartas de Yogananda 18

O guia supraconsciente 19

Como usar as cartas de Yogananda 21

1. Use as cartas para receber inspiração 21

2. Use as cartas para receber orientação da sua sabedoria interior.. 23

3. Use as cartas como parte do método Próximo Passo® ... 23

Antes de usar as cartas de Yogananda 41

Depois de usar as cartas de Yogananda 41

E para finalizar... Deus! 43

Cartas de Yogananda:

1. Abundância 49
2. Aceitação 51
3. Amor 53
4. Harmonia.................. 55
5. Centramento 57
6. Clareza..................... 59
7. Consciência 61
8. Coragem 63
9. Criatividade............... 65
10. Devoção.................... 67
11. Disciplina 69
12. Energia 71
13. Entusiasmo................ 73
14. Equilíbrio 75
15. Expansão................... 77
16. Confiança 79
17. Fluidez...................... 81
18. Generosidade............. 83
19. Bondade.................... 85
20. Alegria 87

21. Gratidão.................... 89
22. Orientação interior.... 91
23. Inspiração................. 93
24. Leveza...................... 95
25. Liberdade.................. 97
26. Honestidade.............. 99
27. Paz 101
28. Positividade 103
29. Poder 105
30. Pureza...................... 107
31. Sabedoria................. 109
32. Saúde 111
33. Simplicidade............. 113
34. Segurança 115
35. Sintonia 117
36. Estabilidade.............. 119
37. Sucesso 121
38. Transcendência.......... 123
39. União....................... 125
40. Força de vontade 127

Nota da organizadora

Sempre adorei cartas e há anos tenho usado um baralho especial, que comprei mais de vinte anos atrás, na comunidade de Findhorn, no norte da Escócia. Ao longo do tempo, muitas vezes me voltei para essas "amigas", vendo-as como mensageiras da minha orientação interior, incorporando-as às minhas meditações e recorrendo à sabedoria delas, quando sentia necessidade de me concentrar mais na minha intuição.

Quando comecei a pensar na ideia de criar as cartas de Yogananda, tive muitas dúvidas. Elas deveriam trazer de volta a imagem real do Mestre, com uma fotografia dele, ou deveriam ser ilustradas? Seria melhor que cada carta tivesse uma frase inspiradora ou apenas o nome da qualidade? Eu deveria fazer comentários sobre elas ou transmitir um pouco da sabedoria do Mestre? Meditei durante muito tempo sobre a maneira mais correta de criar estas cartas e aos poucos as respostas foram ficando mais claras e o projeto começou a tomar forma: as cartas seriam, todas elas, ilustradas com a imagem de Yogananda e as frases inspiradoras seriam incluídas no livreto, pois assim poderiam ser mais longas e articuladas, ao passo que as cartas ficariam mais abertas à interpretação dos consulentes.

O livreto, portanto, é um instrumento fundamental para se compreender plenamente o poder das vibrações de Yogananda por meio das cartas. Em cada carta, você vai encontrar:

1. **Uma lista de possíveis interpretações "positivas" e "negativas" da carta.** Essas listas fui eu que fiz, e as interpretações me ocorreram à medida que eu me sintonizava com cada carta e ouvia interiormente o que ela queria nos contar sobre sua natureza mais profunda. Também lancei mão da experiência que adquiri ao longo dos anos em que pratiquei o método Próximo Passo®[1] e atuei como conselheira espiritual.

2. **Um texto inspirador sobre o tema da carta.** Eu confiei essa tarefa importantíssima a Yogananda e, portanto, as palavras que você encontrará nessa seção são uma tradução das palavras dele. Minha intervenção se limitou a selecioná-las e mesclar trechos retirados de fontes diferentes.

3. **Uma afirmação.** Todas as afirmações são de Yogananda.

---

[1] Em italiano, *Il Prossimo Passo*®. (N. do T.)

Exceto pelas listas de qualidades, portanto, todas as citações baseiam-se nas palavras de Yogananda e foram retiradas dos seguintes textos:

- Lições que ele transmitiu por escrito na década de 1930 (Lições Praecepta, Lições Patanjali).

- As revistas *Inner Culture* e *East-West*, publicadas antes de 1943.

- Os livros a seguir:

   Afirmações Científicas de Cura e Meditações Metafísicas
   Como Amar e ser Amado
   Como Criar seu Próprio Destino
   Como Ter Saúde e Vitalidade[2]
   Como Ser Feliz o Tempo Todo
   Como Alcançar o Sucesso
   Como Despertar seu Verdadeiro Potencial
   Como Superar os Desafios da Vida
   Conversas com Yogananda
   O Novo Caminho
   A Essência da Autorrealização
   Sussurros da Eternidade

---

[2] Todos os livros em negrito foram publicados pela Editora Pensamento, SP. (N. do T.)

Que estas cartas o inspirem a manifestar o que há de mais belo e sublime em você e que sejam suas amigas e companheiras na caminhada rumo à felicidade!

Com alegria,

Sahaja

Nota da ilustradora

Ilustrar as cartas de Yogananda foi, como você pode imaginar, um privilégio e um presente. Eu "conheci" Yogananda há mais de 25 anos, graças a uma amiga que me presenteou com o livro *Autobiografia de um Iogue,* da autoria dele. Foi uma leitura apaixonante e mùito significativa, tanto que enchi as páginas de anotações e linhas sublinhadas. Pouco depois, em 1994, fiz amizade com Sahaja e, a partir de então, Yogananda passou a estar cada vez mais presente na minha vida. Ele me acompanhou em minha jornada espiritual e sempre tenho comigo, na minha mesinha de cabeceira, na bolsa ou na mala de viagem, um de seus preciosos livros.

Em 2013, ilustrei Yogananda pela primeira vez, no livro *Pequenas Grandes Histórias do Mestre*[3]. Foi uma experiência maravilhosa! E aos poucos fui mergulhando em histórias cada vez mais inspiradoras desse mestre. Com estas cartas, a experiência foi igualmente maravilhosa e ao mesmo tempo diferente. Mais uma vez tentei me colocar "dentro de Yogananda", mas também com a ideia de que cada um de nós pode ter essas qualidades. Se,

---

[3] Publicado pela Editora Pensamento, SP. (N. do T.)

por um lado, pode ser difícil nos fundirmos com a mente de um mestre como Yogananda, por outro, sabemos naturalmente quais qualidades (como energia, abundância e alegria) existem dentro de nós; é fácil dizer se as temos ou não! Enquanto, no livro anterior, tratava-se sobretudo de entrar na história de Yogananda, aqui eu precisava dar expressão, por intermédio dele, a todas as qualidades apresentadas nas cartas.

A decisão de ver Yogananda como o protagonista de cada carta foi um processo natural. Sahaja e eu demoramos vários meses para deixar as cartas "entrarem" em nós, tentando entender aos poucos como queriam se expressar. Esse foi um trabalho de equipe belíssimo, inspirador e harmonioso, e, quando chegou a hora de escolher as cores, as cartas já estavam prontas dentro de mim. Àquela altura, já parecia óbvio para mim que Yogananda era quem apresentava cada qualidade; não poderia ser de outro modo! Eu sentia que esse era o significado mais profundo de cada ilustração e que, se Yogananda não estivesse presente, as cartas não seriam tão poderosas.

Ao mesmo tempo, à medida que prosseguia com as ilustrações, eu deixei de me preocupar se Yogananda estaria reconhecível ou não nas cartas, porque sentia que elas queriam transmitir acima de tudo uma emoção. Cada qualidade sugeriu cores e formas para mim. Algumas delas, a carta da "coragem", por exemplo, me surpreenderam! Quarenta cartas com o mesmo protagonista me parecia um pouco demais! Mas também foi interessante observar como, no final, cada desenho conseguiu se diferenciar dos demais.

As imagens, propositalmente, só mostram o essencial. A simplicidade das formas é a minha maneira de me comunicar e, à medida que mergulhava nas ilustrações, percebia que os detalhes não eram o mais importante. O mais importante era, e é, o conteúdo: a emoção, a vibração que cada carta transmite. Uma palavra já é um mundo. E entrei num mundo poético, só depois disso passei a trabalhar com o significado. Meu jeito é muito intenso, e para mim as cores são energia, vibração, amor pela vida. Como sempre, comecei a fazer o fundo das cartas com as cores e tonalidades que adoro. Então escolhi a cor que se sobreporia ao fundo, de modo que ressoasse com cada carta e expressasse a emoção a ela associada. As cores que surgiram inspiram energia, luz, emoções positivas.

Sou profundamente grata por ter participado deste projeto e espero que a inspiração e a alegria que senti ao ilustrar estas cartas possam acompanhar você também, em todos os dias da sua vida.

Com alegria,

Nicoletta Bertelle

A origem das cartas de Yogananda

As quarenta cartas de Yogananda são inspiradas no grande mestre indiano **Paramhansa Yogananda** (1893-1952), um dos guias espirituais mais queridos e conhecidos do nosso tempo. Yogananda é considerado "o pai do yoga no Ocidente" e é o autor do clássico espiritual *Autobiografia de um Iogue*, um *best-seller* mundial, traduzido para vinte idiomas. Yogananda foi o primeiro dos grandes mestres que trouxeram a sabedoria indiana antiga para o Ocidente; não uma "nova religião", mas os princípios eternos do Sanatana Dharma, que há milênios têm sido transmitidos pelos santos e yogues da Índia e constituem as leis fundamentais da vida, em qualquer tempo, lugar ou cultura.

Yogananda deixou um vasto corpo de ensinamentos na forma de palestras, artigos e livros, nos quais os conceitos mais elevados e sublimes se alternam com conselhos práticos e orientações concretas para a vida cotidiana. O yoga, na verdade, não é apenas algo que você pratica no tatame ou na almofada de meditação; é um modo de vida por si só, que abrange todos os aspectos da existência e procura nos levar à nossa mais completa felicidade.

Nos ensinamentos do Sanatana Dharma, essa felicidade suprema é chamada de *Satchidananda*, uma consciência eterna e abençoada, da qual todos nós viemos e da qual somos uma manifestação. Nossa alma nunca se esquece dessa bem-aventurança eterna e imutável e por isso todos nós, até sem perceber, buscamos essa felicidade por meio das alegrias efêmeras e mutáveis da vida.

O objetivo das cartas de Yogananda

O objetivo destas cartas é precisamente nos ajudar a **encontrar o caminho de volta à nossa maior Felicidade**, levando inspiração e esclarecimento ao nosso caminho rumo a esse objetivo supremo. Elas são companheiras de viagem, preciosas amigas que querem nos ajudar a entrar em sintonia com nosso Eu supraconsciente.

A **Supraconsciência** é a dimensão do nosso ser que está sempre em contato com a bem-aventurança de *Satchidananda* e conhece o caminho para chegarmos lá. É uma espécie de "GPS interior", que está sempre sintonizado com a verdade suprema e pode nos fornecer, por meio da faculdade da intuição, a orientação que buscamos e a resposta a todas as nossas perguntas. Todo ser humano tem essa faculdade, mesmo que às vezes não tenha consciência disso.

Yogananda incentivava todas as pessoas a desenvolver a capacidade intuitiva da alma e não depender apenas da inteligência e da razão – que, embora desenvolvidas, são sempre limitadas –, mas, em vez disso, aprender a entrar em sintonia com a própria Fonte de todo o conhecimento. Ele também desaconselhava a consulta a oráculos e adivinhos, nos estimulava a não depender de respostas externas, mas, em vez disso, nos deixarmos inspirar pela sabedoria do nosso próprio Ser. Como estão em sintonia com os ensinamentos desse mestre, estas cartas não têm um propósito divinatório, elas não pretendem substituir sua intuição sobre o que é certo e verdadeiro para você e sua vida. Em vez disso, elas se propõem a servir como um **"canal"**, **através do qual seu próprio Eu pode lhe enviar respostas**.

O guia supraconsciente

Yogananda nos ensinou um método específico para entrarmos em sintonia com a orientação do Eu supraconsciente. Você pode aprendê-lo lendo a explicação a seguir. Use essa técnica sempre que quiser consultar as cartas e em qualquer momento da sua vida, quando sentir necessidade de mais clareza e orientação. Ao fazer isso, você fortalecerá cada vez mais sua capacidade de ouvir a sabedoria do seu Eu supraconsciente.

1. Medite durante algum tempo, observando sua respiração e acalmando sua mente e suas emoções.

2. Quando sentir a mente e o coração mais tranquilos, concentre-se no seu olho espiritual (entre as sobrancelhas) e faça sua pergunta com a atenção focada nesse ponto, como se estivesse usando o rádio transmissor localizado ali.

3. Aguarde a resposta concentrando-se no centro do coração, como se ele fosse um rádio receptor. Permaneça totalmente neutro e procure não deixar que seus desejos pessoais interfiram nesse processo.

4. Caso não receba nenhuma orientação, proponha várias soluções alternativas, mantendo-se sempre concentrado no olho espiritual. Sinta se alguma dessas soluções obteve a aprovação do seu coração.

Como usar as cartas de Yogananda

Estas cartas foram projetadas para serem usadas de certas maneiras específicas, inspiradas nos ensinamentos de Yogananda[4]:

1. Como inspiração
2. Como um guia interior
3. Como parte do método Próximo Passo®

1. Use as cartas para receber inspiração

Quando você sentir a necessidade de elevar sua consciência e receber inspiração, medite por alguns instantes, enquanto observa sua respiração, até sentir que seus pensamentos e emoções estão mais tranquilos. Em seguida, concentre-se no seu olho espiritual (como no método de Yogananda para obter orientação do seu Eu supraconsciente, explicado anteriormente, na seção O guia supraconsciente, na p. 19) e, focado nesse ponto, peça para receber a inspiração certa para o momento que está vivendo.

---

[4] Se você estiver acostumado a usar o tarô ou outro método de adivinhação com cartas e conhecer as tiragens que geralmente são usadas nessas leituras, pode usar as Cartas de Yogananda da mesma maneira.

Depois, concentrando-se em seu coração tranquilo e permanecendo centrado, escolha uma carta. Observe as imagens e palavras impressas nela e passe algum tempo ouvindo interiormente a mensagem inspiradora que a carta quer lhe oferecer, de maneira única e especial, para esse momento.

Por fim, leia no livreto as palavras de Yogananda sobre a qualidade da carta que você escolheu; ouça como elas reverberam dentro de você e que inspiração adicional lhe oferecem.

Repita a declaração de Yogananda várias vezes e continue repetindo-a ao longo do dia, para ficar em sintonia com a inspiração que recebeu.

Você também pode manter a carta no seu altar, se tiver um, ou num lugar visível da sua casa ou do seu escritório; também pode fotografá-la com o seu celular. Dessa maneira, ela pode continuar "falando com você" e lhe oferecendo inspiração.

2. Use as cartas para receber orientação da sua sabedoria interior

Quando sentir a necessidade de receber orientação para saber se deve dar um determinado passo ou tomar uma decisão na sua vida, você pode usar as Cartas de Yogananda para ajudá-lo a se concentrar nas respostas da sua orientação interior.

Primeiro, siga o método de Yogananda para entrar em contato com a orientação do seu guia supraconsciente (na seção O guia supraconsciente).

Com a atenção no seu olho espiritual, faça sua pergunta e peça à sua intuição para guiá-lo na escolha de uma carta que expresse, como uma "porta-voz", a orientação do seu Eu supraconsciente.

Em seguida, concentre-se no seu coração tranquilo e escolha uma carta. Fique centrado e em sintonia com o seu Eu e observe com atenção as imagens e palavras. Reserve algum tempo para ouvir, em seu coração, a orientação que sua intuição quer lhe oferecer.

Pergunte a si mesmo:

- O que significa a qualidade expressa pela carta na situação que estou enfrentando?
- Essa é uma qualidade que já possuo e devo aplicar na situação que estou vivendo?

- É algo do qual sinto falta e preciso desenvolver?
- É um obstáculo a superar, uma atitude que preciso mudar ou um apego do qual tenho que me libertar?

Também ouça quaisquer outras perguntas que surjam espontaneamente.

Tome nota por escrito dos seus pensamentos, se quiser.

Em seguida, leia no livreto os possíveis significados da carta e observe se consegue receber interiormente mais informações sobre o que talvez não tenha entendido ainda. Você encontrará duas listas de qualidades: a primeira contém alguns significados positivos; a segunda, alguns significados "negativos", ou seja, obstáculos que a carta pode convidá-lo a superar. Ouça intuitivamente o que ressoa dentro de você. Você também encontrará, neste livreto, linhas onde poderá escrever quaisquer outras interpretações inspiradas pela sua intuição.

Leia, então, as palavras inspiradoras de Yogananda. Que orientação elas oferecem a você? Que direções lhe apontam?

Por fim, ao longo do dia e, se quiser, por vários dias consecutivos, repita a declaração de Yogananda, para continuar sintonizado com a orientação que recebeu.

Mantenha a carta no seu altar, se tiver um, ou num lugar onde possa vê-la com frequência e facilidade, para continuar a absorver as vibrações.

3. Use as cartas como parte do método Próximo Passo®

O Próximo Passo® é um método de *coaching* espiritual para a vida, baseado nos ensinamentos de Yogananda. Concebido em 2012, ele já ajudou centenas de pessoas a entender melhor a própria vida e o próximo passo que devem dar para alcançar seu objetivo. Esse método consiste num processo de quatro etapas, que leva progressivamente às seguintes descobertas:

1. Seu **objetivo** numa determinada área da sua vida.
2. Os **obstáculos** que você precisa superar para alcançá-lo.

3. Os **recursos** aos quais pode recorrer.

4. O **próximo passo em direção** ao seu objetivo.

Duas características distintas desse método, que o tornam particularmente adequado para o uso com as Cartas de Yogananda, são:

- Não se obtêm esclarecimentos por meio do raciocínio ou da análise, mas do **contato com a supraconsciência e a orientação interior**.

- Objetivos, obstáculos, recursos e, em certa medida, até mesmo os "passos" que você pode dar não devem ser vistos como realidades materiais, mas como **estados de consciência**, qualidades interiores, atitudes.

Os verdadeiros **objetivos** que se escondem por trás de realidades materiais como o desejo de ter um parceiro, um trabalho gratificante ou bem remunerado, férias num lugar especial, uma bela casa etc. são, na verdade, realidades mais sutis: queremos nos sentir *bem*, ou pelo menos *melhor*, e para cada um de nós esse "bem" e esse "melhor" têm nuances diferentes. Eles podem significar se sentir amado, reconhecido, cheio de vitalidade, poderoso, seguro, livre, despreocupado, criativo, calmo, útil... e muito mais, porque as nuances são infinitas! Em qualquer situação, portanto, nosso verdadeiro objetivo não é um objeto, um lugar, uma circunstância ou uma pessoa, mas um estado de consciência.

Até mesmo os **obstáculos** que temos que superar para atingir nossos objetivos são, na realidade, obstáculos interiores: formas-pensamento, hábitos, atitudes ou apegos que atuam como ímãs e atraem obstáculos externos na forma de pessoas e circunstâncias. Tentando remover obstáculos exteriores sem identificar e remover os interiores é como cortar uma erva daninha sem arrancar as raízes: antes de nos darmos conta, ela já terá crescido novamente. Não só isso: nem sempre podemos mudar externamente as circunstâncias, em especial quando elas dependem da vontade de outras pessoas. Em nossas "circunstâncias" interiores, no entanto, *sempre* podemos intervir.

Nossos **recursos** também devem ser, em sua maior parte, interiores (atitudes, qualidades, talentos, habilidades), pois somente desse modo podemos usá-los sem ter que depender de fatores externos e variáveis, como dinheiro, trabalho, amizades e todas as circunstâncias ou pessoas que costumamos usar para resolver os desafios da vida, mas que, por sua própria natureza, podem nos faltar em algum momento.

Por fim, mesmo que queiramos ser práticos e concretos na identificação dos **próximos passos** a dar para alcançar nossos objetivos, muitas vezes eles também são passos interiores, pois apenas mudando nossos pensamentos e atitudes podemos mudar nosso magnetismo e atrair novas realidades para a nossa vida.

Precisamente porque "incorporam" qualidades anímicas e estados de consciência, as Cartas de Yogananda são perfeitas para serem usadas com base no método do Próximo Passo. Na verdade, elas foram originalmente projetadas com esse propósito!

Veja como usá-los dessa maneira especial:

– O primeiro passo é definir **para qual área da sua vida você deseja esclarecimento**. Você provavelmente já sabe que área é essa, mas, se não sabe, use o método de Yogananda para obter orientação interior (explicado na seção O suia supraconsciente, na pág. 19). Talvez você queira saber qual deve ser o seu próximo passo num relacionamento, no seu trabalho, na sua saúde, na sua vida espiritual ou em outra área da sua vida. Escreva isso numa folha de papel.

Depois de definir a área que quer enfocar, você está pronto para iniciar o processo.

1. O objetivo

- Feche os olhos e pense novamente no aspecto da sua vida para o qual você deseja esclarecimento.

- Colocando em prática o método de Yogananda para obter orientação interior, você deve pedir ao seu Eu supraconsciente para guiá-lo na escolha de uma carta que indique o seu objetivo, ou seja, o estado de consciência que você quer vivenciar e manifestar nessa área da sua vida.

- Aguarde alguns instantes para acalmar o seu coração e escolha uma carta.

- Leia o nome da qualidade e ouça interiormente as primeiras sensações que ela evoca: pensamentos, lembranças, associações e emoções. Convém anotar tudo isso imediatamente.

- Depois observe a imagem, as formas, as cores da carta. Quais sentimentos elas suscitam em você? Que associações, emoções, lembranças evocam? Se quiser, anote isso também.

- Agora, focando o ponto entre as sobrancelhas, faça ao seu Eu Superior as perguntas a seguir. Escute as respostas com o coração sereno. Você pode anotar as respostas à medida que avança ou esperar até o final, para não perder o fluxo de inspiração:

- O que essa qualidade significa para você? Como você a vivencia, como a manifesta na sua vida?

- Lembre-se de um momento da sua vida em que você se sentiu imerso nesse estado de consciência. Como essa qualidade o fazia se sentir? Onde você estava? Com quem? O que você estava fazendo?

- Como seria a sua vida, em geral, se você manifestasse essa qualidade com mais frequência ou para sempre? Isso mudaria algo? O quê? Onde você se vê? Com quem? Fazendo o quê?

- Como a situação específica sobre a qual você deseja esclarecimento mudaria se você mostrasse essa qualidade com mais frequência ou sempre? Observe cada detalhe, como num filme. Imagine-se completamente imerso nesta nova e maravilhosa realidade e observe seus sentimentos enquanto vive essas cenas. Sinta como se essa realidade já fizesse parte da sua vida, já fizesse parte de você. Sinta também que a realidade que você está vendo está próxima, fácil; já está acontecendo.

- Escreva tudo que você viu e ouviu.

- Se quiser, faça também um desenho do seu objetivo. Não precisa ser um desenho descritivo, pode ser abstrato, como uma mancha colorida, uma forma. Deixe a Supraconsciência guiá-lo e as imagens fluírem para o papel.

- Leia no livreto as páginas relacionadas à carta que você escolheu. Observe se consegue receber interiormente mais informações sobre o que talvez não tenha entendido ainda. Leia as palavras de Yogananda e ouça como elas reverberam dentro de você.

- Se quiser, repita algumas vezes a afirmação e continue repetindo-a ao longo do dia, para ficar em sintonia com a inspiração que recebeu.

- Agradeça à carta e à mensagem transmitida. Você também pode levá-la ao coração e sentir suas vibrações de encontro ao peito. Mantenha a carta em algum lugar, sem colocá-la de volta no baralho.

2. Obstáculos

- Quando você se sentir pronto para a próxima etapa, concentre-se novamente no seu olho espiritual e pratique a técnica de Yogananda para receber orientação interior. Assim que sentir uma sensação de calma e centramento, peça ao seu Eu Superior para lhe mostrar qual é o principal obstáculo a ser superado agora, para você alcançar o seu objetivo.

- Ouça o seu coração tranquilo por alguns instantes e escolha uma carta do baralho.

- Neste caso, a carta indica a qualidade ou o estado de consciência que *falta* em você e por isso o impede de atingir o objetivo desejado. Por exemplo, se a carta que você escolheu for "Amor", isso pode significar que:

    – Você não está demonstrando amor suficiente; seu coração não está completamente relaxado e aberto, talvez por causa do medo, da desconfiança, da mágoa e assim por diante;

    – Você não está (ou parece não estar) recebendo amor suficiente. Ou talvez você dê muita importância ao amor que recebe dos outros;

- Você está manifestando ou recebendo amor de uma forma que não é a ideal: talvez haja apego, ciúme, dependência, egoísmo;

- Você está manifestando amor de uma forma "saudável", mas é necessário que você eleve e purifique ainda mais o seu amor, para alcançar a meta que o seu Eu indicou;

- Você não tem amor suficiente por si mesmo.

Mais respostas podem lhe ocorrer, esses são apenas alguns exemplos.

Deixe que o seu Eu Superior o guie na compreensão de como a carta que escolheu está apontando o obstáculo que o impede de alcançar o seu objetivo. Proceda desta maneira:

- Leia o nome da qualidade e pense em como ela pode estar representando um obstáculo para você neste momento. Ouça interiormente as primeiras sensações que ela evoca: pensamentos, memórias, associações e emoções. Se você quiser, escreva o que lhe ocorre imediatamente.

- Depois observe a imagem, as formas, as cores. Quais sentimentos suscitam em você? Que associações, emoções, lembranças evocam? Se quiser, anote isso também.

- Se desejar, desenhe esse obstáculo. Deixe a Supraconsciência guiá-lo e as imagens fluírem para o papel.

- Leia no livreto as páginas relacionadas à carta que você escolheu. Observe se consegue receber interiormente mais informações sobre o que talvez não tenha entendido ainda. Você também poderá tomar nota de outras interpretações que o seu Eu Superior talvez tenha sugerido a você.

- Leia as palavras inspiradoras de Yogananda e observe como elas reverberam dentro de você.

- Se quiser, repita algumas vezes a afirmação e continue repetindo-a ao longo do dia, para ficar em sintonia com a inspiração que recebeu.

- Agradeça à carta e à mensagem transmitida. Mantenha a carta em algum lugar, sem colocá-la de volta no baralho.

3. Recursos

- Quando você se sentir pronto, concentre-se novamente no seu olho espiritual e pratique a técnica de Yogananda para receber orientação interior. Assim que você sentir uma sensação de calma e concentração, peça ao seu Eu Superior para lhe mostrar qual é o principal recurso a ser ativado agora, para alcançar o seu objetivo.

- Ouça o seu coração tranquilo por alguns instantes e, quando estiver pronto, escolha uma carta do baralho.

- Neste caso, a carta indica o estado de consciência, a atitude ou a qualidade que você precisa cultivar para superar o obstáculo. Talvez ela já esteja totalmente manifestada em você ou talvez seja algo que precise desenvolver.

- Leia o nome da qualidade e ouça interiormente as primeiras sensações que ela evoca: os primeiros pensamentos, lembranças, associações e emoções. Se quiser, anote isso imediatamente.

- Em seguida, observe a imagem, as formas, as cores. Quais sentimentos suscitam em você? Que associações, emoções, lembranças evocam? Se quiser, anote isso também.

- Se desejar, desenhe esse obstáculo. Deixe a Supraconsciência guiá-lo e as imagens fluírem para o papel.

- Leia no livreto as páginas relacionadas à carta que você escolheu. Observe se consegue receber interiormente mais informações sobre o que talvez não tenha entendido ainda. Você também poderá tomar nota de outras interpretações que o seu Eu Superior sugerir a você.

- Leia as palavras inspiradoras de Yogananda e observe como elas reverberam dentro de você.

- Se quiser, repita algumas vezes a afirmação, sempre como Yogananda indicou: primeiro em voz alta (para envolver a mente consciente), depois em voz mais baixa, quase sussurrando (para que a mensagem deslize para o subconsciente), e por fim, em silêncio, concentrando-se no olho espiritual (para despertar essa qualidade na Supraconsciência).[5]

- Pense por alguns instantes em como você pode aplicar ou desenvolver esse recurso em sua vida. Anote seus pensamentos. Em seguida, escolha algo que você pode fazer imediatamente e assuma consigo mesmo o compromisso de fazer isso.

---

[5] Você pode encontrar uma explicação detalhada de como as afirmações funcionam, bem como várias afirmações para usar a qualquer momento da sua vida, em dois livros de Paramhansa Yogananda, ambos publicados em português pela Self-Realization Fellowship: Afirmações Científicas de Cura e Meditações Metafísicas, ou em Affirmations for Self-Healing, de Swami Kriyananda (discípulo direto de Yogananda).

- Agradeça à carta e à mensagem transmitida. Mantenha-a em algum lugar, sem colocá-la de volta no baralho.

4. Seu próximo passo

- Concentre-se novamente no seu olho espiritual e pratique a técnica de Yogananda para receber orientação interior. Logo que sentir uma sensação de calma e centramento, peça ao seu Eu Superior para lhe mostrar o primeiro passo que você precisa dar para alcançar seu objetivo.

- Ouça o seu coração tranquilo por alguns instantes e escolha uma carta do baralho.

- Leia o nome da qualidade e sinta interiormente as primeiras sensações que ela evoca: pensamentos, memórias, associações e emoções. Se quiser, anote imediatamente.

- Depois observe o desenho, as formas, as cores. Quais sentimentos suscitam em você? Que associações, emoções, lembranças evocam? Se quiser, anote isso também.

- Você pode até fazer um desenho desse "passo". Deixe a Supraconsciência guiá-lo e as imagens fluírem para o papel.

- Leia neste livreto as páginas relacionadas à carta que você escolheu. Observe se consegue receber interiormente mais informações sobre o que talvez não tenha entendido ainda. Você também poderá tomar nota de outras interpretações que o seu Eu Superior sugerir a você.

- Leia as palavras de Yogananda e perceba como elas reverberam dentro de você.

- Veja a si mesmo dando o seu "próximo passo" com confiança e desenvoltura, como algo totalmente natural e destinado ao sucesso.

- Agradeça à carta e à mensagem transmitida. Mantenha-a em algum lugar, sem colocá-la de volta no baralho.

O percurso completo

Agora coloque as quatro cartas próximas umas das outras, na ordem em que você as desenhou, e observe o percurso que o levará ao seu objetivo. Sinta quanto poder as cartas têm quando interagem com você, todas ao mesmo tempo!

Observe as suas reações interiores: qualquer pensamento, lembrança, associação ou emoção que lhe ocorra enquanto olha para as cartas que representam seu objetivo, seu obstáculo, seu recurso e seu próximo passo, uma ao lado da outra. Se possível, mantenha as quatro cartas lado a lado por pelo menos alguns dias; elas o ajudarão a ficar em sintonia com o caminho que você tem a percorrer e a absorver em sua consciência o poder das vibrações que irradiam. Você pode até tirar fotos e deixá-las em seu telefone celular, para que possa visualizá-las com frequência, ao longo do dia.

Existem também outras coisas que você pode fazer para facilitar seu percurso rumo ao Próximo Passo:

- *Mantenha a descrição do seu objetivo à mão e releia-a com frequência, imaginando que já o alcançou, enquanto se mantém totalmente imerso nesse estado de consciência.*

- *Deixe o desenho do seu objetivo num local da sua casa ou do seu escritório onde você possa vê-lo com frequência. (E se prefere mantê-lo longe dos olhos das outras pessoas, uma boa solução é pendurá-lo dentro da porta de um armário!) Uma alternativa é fotografá-lo e deixar a foto em seu celular.*

- *Faça regularmente as afirmações relacionadas às quatro cartas que você escolheu. Repita-as sempre como Yogananda indicou: primeiro em voz alta, depois em voz mais baixa, quase sussurrando, e por fim, em silêncio, concentrando-se no olho espiritual.*

- *Tente harmonizar cada vez mais todos os aspectos da sua vida com a orientação que recebeu. Na página a seguir, você encontrará algumas sugestões sobre como fazer isso.*

Antes de usar as cartas de Yogananda

Estas quarenta cartas são muito mais do que palavras sábias e belas ilustrações: elas podem se tornar canais poderosos de inspiração, orientação e bênçãos. A tradição do Sanaatan Dharma nos ensina, na realidade, que qualquer objeto ou imagem pode carregar poder espiritual, se convidarmos o Divino a entrar e infundi-lo com a Sua consciência.

Ao criar estas cartas, meditamos sobre a consciência de Yogananda, tentando entrar em sintonia com ele a cada momento do processo criativo. Agora cabe a você fazer a sua parte, sintonizando-se com Yogananda enquanto sente, em seu coração, o que está fazendo. Peça a ele para infundir sua consciência e suas vibrações em seu baralho de cartas e acompanhá-lo em sua jornada. As vibrações espirituais de um Mestre não se limitam ao seu corpo físico, mas se expandem pela Eternidade. Que estas cartas tragam a consciência de Yogananda para a sua vida!

Depois de usar as cartas de Yogananda

A graça divina flui constantemente em nossa direção, como o sol brilhando na fachada de um palácio. Nossa tarefa é colaborar com seu poder, "abrindo as cortinas" das janelas da nossa consciência e mantendo-as abertas tanto quanto possível em nossa vida. Como você faz isso? Aqui vão algumas sugestões.

- *Mantenha a carta que você escolheu num lugar visível e faça uma pausa de alguns minutos, várias vezes ao dia, para meditar sobre as imagens e palavras que ela contém. Sintonize-se interiormente com a mensagem e as vibrações da carta. Procure sentir que essa consciência já está dentro do seu ser e que a expressar é fácil e natural para você.*

- *Observe o seu "ambiente interior" (seus pensamentos, emoções e atitudes) durante o dia e tente harmonizá-lo com a qualidade que a carta lhe mostrou. Pergunte a si mesmo: quais são os pensamentos, emoções e atitudes de uma pessoa que sempre vive nesse estado de consciência? Alinhe a sua vida com a direção que foi apontada.*

- *Observe o seu "ambiente externo" (as ações que você realiza, as pessoas ao seu redor, os lugares que frequenta, a música que ouve, os filmes que vê, as cores que veste etc.). Tente fortalecer o que sustenta a qualidade que lhe foi indicada e evite o que a enfraquece.*

- *Use todos os instrumentos espirituais que você já conhece ou pode vir a conhecer para se sintonizar com a essência e as vibrações da carta (ou das cartas) que o seu Eu Superior lhe indicou: exercícios para recarregar suas energias, posturas de yoga, meditação, afirmações, orações, leituras inspiradoras, música etc. Quanto mais elevada você mantiver a sua energia e souber direcioná-la para a Supraconsciência, mais poderá manifestar as qualidades divinas que as cartas lhe mostraram.*

- *Cultive a confiança em sua capacidade de manifestar esses estados puros e elevados de consciência. Você também tem confiança na orientação e nas bênçãos de Yogananda, que podem chegar até você a qualquer momento por meio destas cartas e do desejo sincero da sua alma de crescer e progredir.*

E para finalizar... Deus!

Nos escritos e discursos de Yogananda, a palavra Deus se repete muitas vezes; por isso, você também irá encontrá-la com frequência neste livreto. Como já vimos, com esse termo, Yogananda se referia a *Satchidananda*: a consciência sempre presente, sempre consciente e sempre abençoada que constitui a própria essência do nosso ser e transcende qualquer dogma ou religião. Se para você – como para muitas pessoas no Ocidente – Deus é uma palavra incômoda, que o deixa desconfortável, substitua-a em sua mente por um termo que o deixe mais à vontade: Espírito, Energia Cósmica, Universo, Vida, Eu Superior ou até, simplesmente, Meu Potencial Mais Elevado. No final das contas, os rótulos têm uma importância mínima; o que importa é que nossa aspiração seja direcionada para algo superior, não importa o modo como o definimos.

Poucos meses antes de Paramhansa Yogananda deixar o corpo físico, um discípulo lhe perguntou: "Senhor, quando não pudermos mais vê-lo fisicamente, você ainda estará tão perto de nós quanto está agora?". O Mestre respondeu com profunda seriedade: "Para aqueles que pensam em mim como estando perto, eu estarei perto".

CARTAS DE YOGANANDA

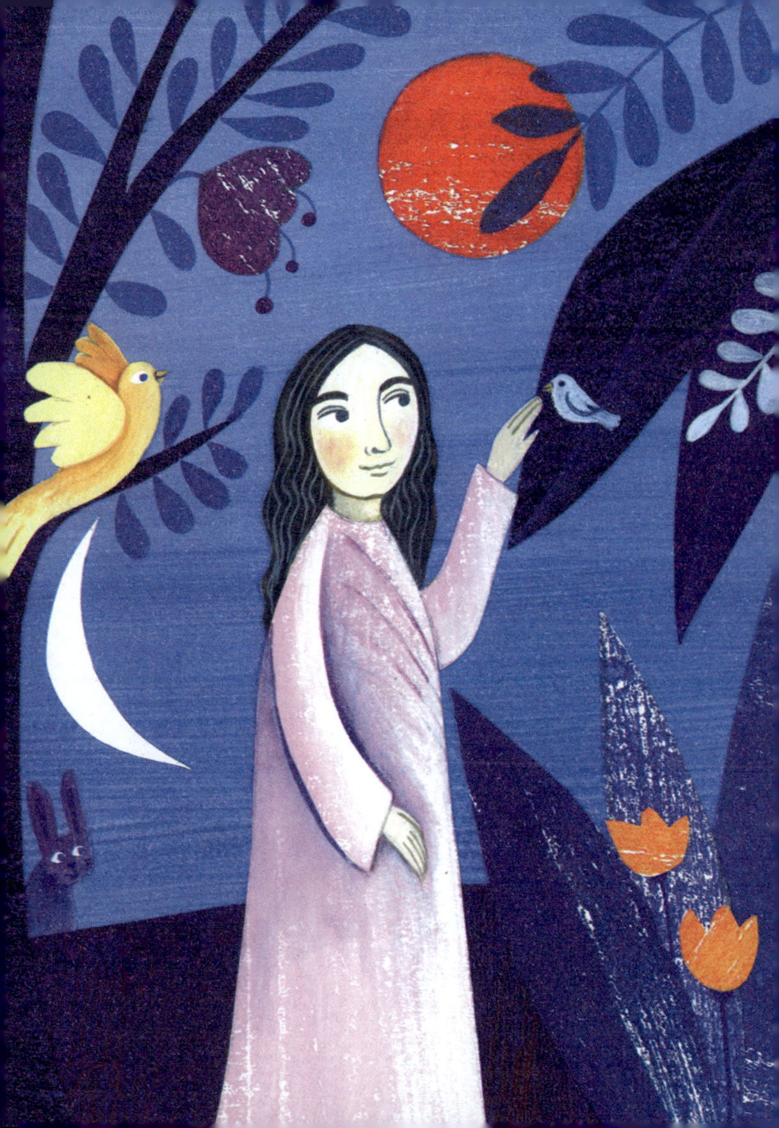

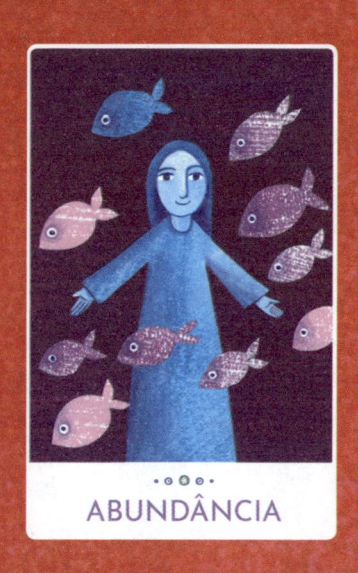

ABUNDÂNCIA

Afirmação

"O oceano da abundância divina flui através de mim. Eu sou Teu filho. Ele é o canal através do qual flui todo o Poder Divino Criativo."

ABUNDÂNCIA

Como um objetivo, recurso ou passo: prosperidade, riqueza, oportunidade, plenitude, abertura para receber os presentes da vida, sentir-se digno, sentir-se parte do fluxo da Prosperidade universal, apoio, possibilidades infinitas, otimismo, confiança, expansão, integridade, saúde.

Como obstáculo: escassez, carência, limitações, privações, consciência voltada para a pobreza, desconexão do fluxo da Prosperidade universal, sentir-se indigno, pessimismo, desconfiança, doença, solidão, contração.

Cultive a consciência de que o Espírito Divino é seu Pai e o mestre de todo o universo e de toda abundância. Porque você é o filho amado Dele, você tem o direito absoluto de possuir tudo, exatamente como Ele. Nunca implore por nada nem peça nada em oração; apegue-se ao pensamento de que você já possui tudo e simplesmente tem que tomar posse do que já é seu, com a segurança infinita e natural de um filho de Deus.

ACEITAÇÃO

Afirmação

"Que eu aceite tudo o que é inevitável na vida como as bênçãos misericordiosas que vêm das Tuas mãos."

ACEITAÇÃO

Como um objetivo, recurso ou passo: *acolhimento, abertura, perdão, compreensão, empatia, dom de escutar, abraço, inclusão, não julgamento, fluir com a vida, viver no momento presente, abrir-se para receber, acatar a realidade como ela é e não como gostaríamos que fosse, cooperação.*

Como um obstáculo: *rejeição da vida, de nós mesmos, dos outros e das circunstâncias, fechamento, julgamento, exclusão, alienação, fugir do presente, incapacidade de fluir.*

Aceite com tranquilidade tudo o que vier à sua vida: prazer e dor, alegria e sofrimento, sucesso e fracasso. Aceite todas as coisas como são, sem julgamento, e observe todas as coisas com bondade e simpatia, por mais tolas que sejam.

A melhor maneira de superar o karma é acolher de bom grado cada teste que se apresente e aceitar corajosamente todas as dificuldades impostas por esses testes. Uma boa regra na vida é simplesmente dizer a si mesmo: "Tudo o que vier naturalmente, eu deixo vir".

AMOR

Afirmação

"Eu irradio amor e benevolência aos outros, para abrir um canal através do qual o amor divino possa alcançar a todos."

AMOR

Como objetivo, recurso ou passo: perdão, amizade, fraternidade, boas-vindas, compaixão, respeito, bondade, compartilhamento, apreço, abertura do coração, cura de feridas emocionais, amor-próprio, sentir-se amado, compreendido e aceito, sendo um canal do Amor divino.

Como um obstáculo: ressentimento, inimizade, incapacidade de perdoar, falta de compaixão, falta de respeito, falta de cortesia, coração fechado, julgamento, rejeição, ódio, feridas emocionais, emotividade excessiva, apego, ciúme, falta de amor-próprio, não se sentir amado, compreendido, aceito.

Se você quer ser amado, comece a amar aqueles que precisam do seu amor. Se você quer que os outros sintam compaixão por você, comece a demonstrar compaixão pelas pessoas ao seu redor. Se você quer ser respeitado, aprenda a ser respeitoso com todos.

Pelas portas da amizade, do afeto conjugal, do amor dos pais, do amor ao próximo e a todas as criaturas vivas, você será capaz de entrar no reino do Amor Divino. Nesse território infinito, você vai perceber que todas as coisas, animadas e inanimadas, respiram e vivem apenas graças ao Amor de Deus.

HARMONIA

Afirmação

"Ensina-me, ó Espírito, a cooperar com a
Tua vontade, até que todos os meus pensamentos
estejam em conformidade com os
Teus planos harmoniosos."

HARMONIA

Como objetivo, recurso ou passo: doçura, gentileza, não violência, fluir com os outros, com as circunstâncias e com a vida, sintonização, amenizar a aspereza do ego, diplomacia, compreensão, humildade, capacidade de acolher a realidade dos outros na sua própria, trabalho em equipe, cooperação, visão ampla das coisas.

Como obstáculo: desarmonia, discórdia, falta de harmonia, falta de cortesia, aspereza, violência, arrogância, falta de empatia, falta de cooperação, separação.

Ações pacíficas o levam a entrar em sintonia com a harmonia de Deus, como é percebida no silêncio interior, e a consequência é a felicidade. As ações equivocadas se chocam com a paz silenciosa de Deus e produzem infelicidade e doença.

A vibração de Deus é inteligente e produz harmonia perfeita. À medida que eu deixo essa vibração passar através de você, todas as outras vibrações dentro de você se tornam harmoniosas.

CENTRAMENTO

Afirmação

"Com os olhos abertos, me vejo como um pequenino corpo. Com os olhos fechados, me contemplo como o centro cósmico em torno do qual gira a esfera da eternidade, a esfera da bem-aventurança, a esfera do espaço vital onipresente e onisciente."

CENTRAMENTO

Como objetivo, recurso ou passo: equilíbrio, equanimidade, força interior, calma, liberdade, ser uma "causa" e não uma "consequência" na vida, independência, conhecimento e autoridade, estar ancorado no Eu, autocontrole, controle da energia, disciplina, dharma, profundidade, estabilidade, alinhamento com a Verdade, yoga, meditação, intuição.

Como obstáculo: falta de centramento, falta de equilíbrio, emotividade excessiva, mau humor, agitação, confusão, inconstância, superficialidade, suscetibilidade às opiniões e aos julgamentos dos outros, insegurança, fraqueza, deixar-se guiar por impressões e emoções em vez de se guiar pela Verdade, dependência.

Os altos e baixos da vida nada mais são do que ondas no oceano, em constante movimento. Evite se envolver emocionalmente com eles; em vez disso, mantenha a calma, viva sempre feliz em seu centro interior, sobre os seus próprios pés. Isso cria dentro de você uma imobilidade física e mental. Retire-se para o seu centro de equilíbrio, para a sua morada espiritual, e, nesse centro, entre em comunhão com o Pai. Quando viver centrado, você vai vivenciar a única liberdade autêntica que existe.

CLAREZA

Afirmação

"Que a luz deslumbrante da Tua inteligência perfure as nuvens da minha imaginação e as gotas de chuva da Tua sabedoria lavem todo preconceito e toda ilusão da minha consciência."

CLAREZA

Como objetivo, recurso ou passo: *lucidez, sinceridade, honestidade, franqueza, capacidade de se comunicar com eficácia, ordem mental, compreensão, conhecimento, intuição, visão, desejo de levar luz às situações, transparência.*

Como obstáculo: *falta de lucidez, confusão, imprecisão, preconceito, incapacidade de ver o quadro mais amplo, incapacidade de compreender os detalhes, ficção, mentira, engano, falta de comunicação, falta de compreensão, incapacidade de perceber a orientação interior, medo de se expor, autenticidade ostensiva, transparência excessiva, franqueza excessiva, falta de diplomacia.*

A mente da maioria dos seres humanos é como o céu num dia parcialmente nublado: as nuvens mentais podem se dispersar por algum tempo e deixar a luz do sol passar, mas, se o indivíduo não se dispuser a procurar os pontos mais luminosos e se aquecer no seu calor, as nuvens cobrirão o céu novamente, levando com elas toda luminosidade.

Faça a luz de Deus fluir através de você; assim sua mente ficará mais clara e a ordem e a harmonia reinarão em todas as suas ações.

CONSCIÊNCIA

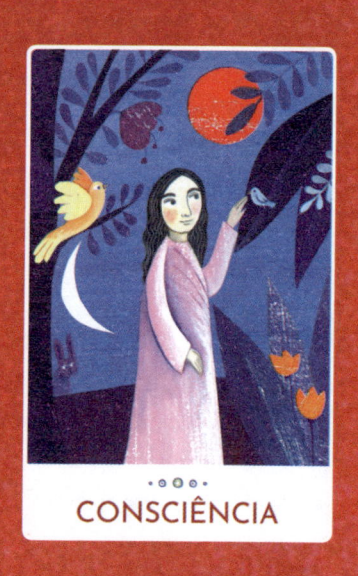

Afirmação

"Eu O sinto atravessar o meu coração e atravessar todos os corações, através dos poros da Terra, através do céu, através de todas as coisas. Ele é o movimento eterno de alegria. É o espelho do silêncio, onde se reflete toda a criação."

CONSCIÊNCIA

Como objetivo, recurso ou passo: atenção, percepção, presença, capacidade de apreender os detalhes, capacidade para ver o quadro todo, sensibilidade para ver a realidade das outras pessoas, ouvir, respeitar, compreender, viver plenamente cada momento, viver no aqui e agora, capacidade de desempenhar bem as suas tarefas, ser uma pessoa responsável.

Como obstáculo: falta de consciência, desatenção, distração, imprecisão, insensibilidade à realidade dos outros, falta de respeito, incompreensão, incapacidade de apreender os detalhes e viver o momento, irresponsabilidade, sentir-se entorpecido.

Ao caminhar ao ar livre, procure sentir que tudo ao seu redor faz parte da sua consciência expandida. Observe as folhas tremulando ao vento e procure sentir seu movimento. Imagine que, naquele movimento, Deus está expressando Seus pensamentos e inspirações. Veja as folhas de grama nos campos balançando ao vento. Imagine que a brisa é o sopro de Deus pairando sobre este mundo, inspirando todos os seres e lhes insuflando vida. Ouça o canto dos pássaros. Sinta que Deus, por meio de seu canto, tenta chegar até você com sentimentos de felicidade divina.

CORAGEM

Afirmação

"Sou corajoso, sou forte. O perfume dos pensamentos de sucesso paira sobre mim, está impregnado em mim."

CORAGEM

Como objetivo, recurso ou passo: *ousadia, persistência, determinação, heroísmo, força interior, força de vontade, resiliência, firmeza de espírito, iniciativa, espírito de conquista, confiança, capacidade de aceitar desafios, desejo de crescer e superar limitações.*

Como obstáculo: *falta de coragem, medo, fraqueza, passividade, sentir-se pequeno e incapaz, vitimização, falta de autoconfiança, incerteza, autolimitação, falta de iniciativa, incapacidade de se envolver e sair da "zona de conforto".*

Cada novo dia representa mais uma oportunidade para o ego realizar ações cada vez mais heroicas. Enfrente cada pessoa e cada situação que surgir no campo de batalha da vida com a coragem de um herói e o sorriso de um conquistador.

Se você se elevar acima das circunstâncias, graças à coragem heroica que guarda dentro de si, todos os desafios da vida – mesmo os mais sombrios e ameaçadores – serão como um véu de névoa que se desvanece sob o calor do sol.

CRIATIVIDADE

Afirmação

"Eu sei que tenho uma centelha da divindade dentro de mim. Portanto, serei incansável em todas as minhas atividades e vou prosseguir com a certeza de que sou sustentado pelo infinito poder criativo do Espírito."

CRIATIVIDADE

Como objetivo, recurso ou passo: engenhosidade, iniciativa, inventividade, abertura para o novo, talento artístico, visão, liberdade de expressão, inovação, fantasia, imaginação, manifestar seus talentos de forma única e especial, ser o "criador" da própria vida.

Como obstáculo: falta de criatividade, passividade, apatia, estagnação, apego ao que já é conhecido, resistência ao novo, pragmatismo excessivo, incapacidade de fluir, incapacidade ou dificuldade para se expressar e manifestar seus talentos.

Use sua capacidade de pensar de modo criativo para ter sucesso em todos os projetos que empreender. Colabore para que você possa fazer uso adequado de todos os dons que Deus lhe deu. A criatividade dentro de você é uma centelha do Criador Infinito. Ela pode lhe dar o poder de criar algo que ninguém jamais criou; ela o impulsiona para fazer as coisas de uma maneira nova. Uma pessoa assim torna possível o que parecia impossível, usando o grande poder criativo do Espírito.

DEVOÇÃO

Afirmação

"Eu me curvo a Ti, no templo do céu, no templo da Natureza e no templo dos meus irmãos da raça humana. Você me deu a liberdade de Te amar ou de não Te amar; portanto, com meu livre-arbítrio, eu te ofereço minha devoção."

DEVOÇÃO

Como objetivo, recurso ou passo: amor pelo Divino, adoração, canto, oração, meditação, comunhão com Deus, ver Deus em tudo, praticar a presença de Deus, confiar em Deus, entrega, fé.

Como obstáculo: falta de devoção, falta de fé, confiar apenas nas próprias forças, falta de sentimentos, racionalidade, solidão, não se sentir digno do amor de Deus.

Lembre-se de que Deus pertence a você. Entre aqueles que estão perto de você, Ele é o mais próximo; entre aqueles que lhe são mais queridos, Ele é o mais querido. Ele está mais próximo de você do que os seus próprios pensamentos, aqueles com os quais você reza para ele. Ore com o seu coração. Seja completamente sincero com ele. Ele sabe tudo o que você está pensando! Não seja formal com Deus. Brinque com ele. Você pode brincar com ele se quiser. Repreenda-o se quiser, mesmo que sempre com amor.

Inebrie-se de Deus e faça de cada um dos seus atos, no dia a dia, um templo em reverência a Ele. No santuário indestrutível da sua devoção, Deus ouvirá todos os seus pensamentos.

DISCIPLINA

Afirmação

"Divino Mestre, disciplina meus sentidos insensatos e rebeldes, para que eu possa espiritualizar meus prazeres e sempre olhar além da ilusão das formas visíveis e cintilantes."

DISCIPLINA

Como objetivo, recurso ou passo: autocontrole, moderação, renúncia, foco, concentração, controle da energia, domínio de si, equilíbrio, saber realizar ações benéficas e evitar ações prejudiciais, superar hábitos negativos e cultivar positivos, equanimidade, força interior, seguir com constância os ensinamentos do próprio Guru.

Como obstáculo: falta de disciplina, falta de autocontrole, falta de moderação, indulgência excessiva aos prazeres dos sentidos, dispersão de energia, inconstância, falta de concentração, fraqueza moral, ser escravo dos próprios hábitos, falta de firmeza mental.

No início, o autocontrole causa infelicidade, porque nos separa dos prazeres dos sentidos. No entanto, quando o autocontrole amadurece, a alma começa a ter uma experiência mais sutil e mais feliz, e se alegra muito mais do que quando vivia identificada com os prazeres dos sentidos.

Somente por meio da autodisciplina constante podemos alcançar a felicidade verdadeira e duradoura.

ENERGIA

Afirmação

"Preencha as minhas veias com Teus raios invisíveis; torna-me forte e incansável."

ENERGIA

Como objetivo, recurso ou passo: *vitalidade, entusiasmo, saúde, força, tenacidade, vigor, juventude, força mental, determinação, intensidade, otimismo, coragem, dizer "sim" à vida, aceitar desafios, "Eu posso!", exercícios para recarregar as energias, hatha yoga, atividade física, meditação, alimentação saudável.*

Como obstáculo: *falta de energia, falta de vitalidade, falta de entusiasmo, problemas de saúde, físicos e mentais, passividade, letargia, inconstância, medo, sensação de inadequação, relutância em aceitar desafios, viver "com o freio de mão puxado", vitimismo, pessimismo, negatividade, falta de exercício físico, má alimentação.*

Você não é o corpo; o corpo é apenas seu servo. Você é a energia vital imortal. Assim como uma bateria de carro precisa de água destilada e eletricidade para funcionar, a bateria do corpo precisa ser recarregada com Força Vital, bem como com alimentos e outros meios físicos de suporte à vida. Você pode aprender a viver mais recorrendo à reserva eterna de Energia Cósmica – que está sempre disponível, dentro e fora de nós e ao nosso redor – e recarregando assim o seu corpo com vitalidade a qualquer momento.

ENTUSIASMO

Afirmação

"Sou o riso eterno. Meus sorrisos dançam em cada rosto. Eles são a onda de entusiasmo em todos os corações."

ENTUSIASMO

Como objetivo, recurso ou passo: *dizer "sim" à vida, otimismo, espírito de aventura, paixão, iniciativa, alegria, contentamento, vitalidade, capacidade de inspirar e envolver os outros, encontrar beleza em tudo e nas pessoas, consciência focada em soluções, aproveitar ao máximo cada momento, pensamento positivo, gratidão, apreço.*

Como obstáculo: *falta de entusiasmo, falta de paixão, passividade, apatia, pouca energia, tristeza, pessimismo, vitimização, consciência focada nos problemas, ver sempre o copo meio vazio, incapacidade de aproveitar a vida, incapacidade para apreciar as coisas.*

Faça com que a sua mente diga sempre: "Eu vou!". Só depois pense em como vai conseguir o que você foi convidado a fazer. Aprenda a cumprir todos os seus deveres com uma alegria corajosa que brota no fundo do seu ser. Então, um rio de vitalidade inundará todos os seus músculos e todo o seu corpo durante suas ações diárias. Você nunca se sentirá fisicamente fraco se continuar a se revitalizar com energia e entusiasmo por meio dos seus próprios pensamentos.

EQUILÍBRIO

Afirmação

"Serei moderado em tudo. Serei equilibrado em todas as minhas ações."

EQUILÍBRIO

Como objetivo, recurso ou passo: *calma, harmonia, silêncio interior, desapego, equanimidade, capacidade de ver o quadro maior, amor incondicional, bondade, compreensão, confiança, fé, força interior, centramento, independência.*

Como obstáculo: *falta de equilíbrio, falta de equanimidade, falta de centramento, agitação, descontrole emocional, altos e baixos, exageros, excessos, visão não objetiva das coisas, apego, preconceito.*

A vida lhe trará muitos altos e baixos. Se permitir que seus sentimentos sigam o movimento das ondas das circunstâncias, você nunca alcançará a calma interior que é a base do progresso espiritual. Deixe sua mente equilibrada. Um dia você descobrirá que não é mais vítima das marés do destino. Sua força virá de dentro de você.

Mantenha-se interiormente desapegado de tudo o que acontece na sua vida. Ao fazer isso, você aos poucos deixa de se identificar com este mundo de sonho e toma consciência de que você e o Sonhador são um só.

EXPANSÃO

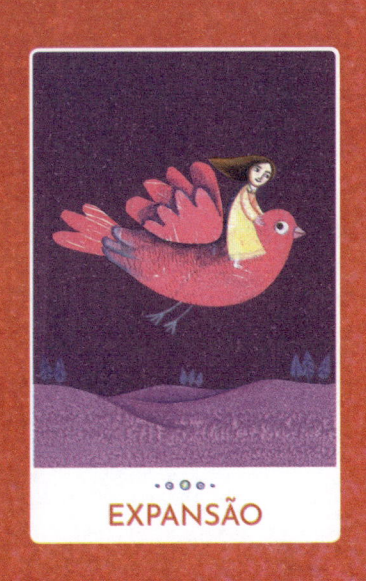

Afirmação

"Meu corpo é o universo. É o alento astral que dá vida a todas as coisas. Eu sou a grande Vida que pulsa como uma pequena vida em meu coração. A luz perfeita de Deus está presente em todas as partes do meu corpo."

EXPANSÃO

Como objetivo, recurso ou passo: *abertura, aceitação, crescimento, desenvolvimento, mudança, generosidade, uma visão mais ampla, identificação com o Eu.*

Como um obstáculo: *contração, fechamento, egoísmo, apego, estagnação, medo da mudança, estreiteza de visão, identificação com o corpo e as insignificâncias da vida, autolimitação.*

A alegria divina vem com a expansão do eu. O sofrimento, por outro lado, é fruto do egoísmo, de um ego que tende a se contrair.

A entrega total permite que a alma expanda sua consciência, como uma esfera de luz ilimitada, até que compreenda a onipresença. A expansão feliz da alma traz consigo um controle cada vez maior, não apenas sobre si mesmo, mas sobre toda a matéria.

CONFIANÇA

Afirmação

"Seguirei com fé absoluta na capacidade do Bem onipresente de me dar o que preciso, quando for preciso."

CONFIANÇA

Como objetivo, recurso ou passo: fé, esperança, entrega, otimismo, falta de dúvida, percepção da presença de Deus, segurança, certeza intuitiva, crença nas próprias capacidades e na Vida.

Como obstáculo: falta de confiança e fé, falta de esperança, insegurança, pessimismo, dúvida, medo, sentir-se só e em perigo, sentimento de injustiça, impotência.

O que é seu sempre chegará até você. Se não chegar, será porque você não teve fé suficiente. Acredite no amor e na compreensão de Deus. Acredita em si mesmo. Tenha fé em suas habilidades. Reconheça seu valor. Se você fizer isso, descobrirá que os outros farão o mesmo com você.

A fé não é uma crença: é uma percepção direta. Significa expandir a compreensão intuitiva da presença interior de Deus. Tenha total confiança no Espírito. A única coisa a duvidar é da própria dúvida. Ter fé em Deus significa encontrar a felicidade.

FLUIDEZ

Afirmação

"Não me deixa ser um 'derrotado', sempre com medo da mudança. Ajuda-me a fluir com alegria na vida, em harmonia com meus semelhantes, com a natureza e com Deus."

FLUIDEZ

Como objetivo, recurso ou passo: *flexibilidade, aceitação, fluir com a vida, abertura para mudanças, disposição para se envolver em novas atividades ou novos relacionamentos, renovação, relaxamento, desapego, entrega ao Divino.*

Como obstáculo: *falta de fluidez, rigidez, contração, hábitos, apego, julgamento, dogmatismo, apego excessivo ao passado e às tradições, medo da mudança.*

Mudanças positivas devem ser encaradas com coragem. Enquanto as esperanças de dias melhores forem neutralizadas pelo medo de realizar mudanças, a mente nunca encontrará paz. Por que você quer ser um derrotado, do ponto de vista psicológico? Diga a si mesmo: "Como é interessante tudo isso, com seus altos e baixos, risadas, acontecimentos aterrorizantes e até mesmo a aparente fatalidade de um salto no precipício!". O infinito é sempre novo. Graças à infinita varinha mágica de Deus, que renova a vida, Ele faz tudo se expressar e ser continuamente remodelado. O Diretor Cósmico deste grande filme da vida continua a mudar as cenas, para mantê-las sempre interessantes. Ele aceita a mudança como a única constante na vida. Renda-se a Deus.

GENEROSIDADE

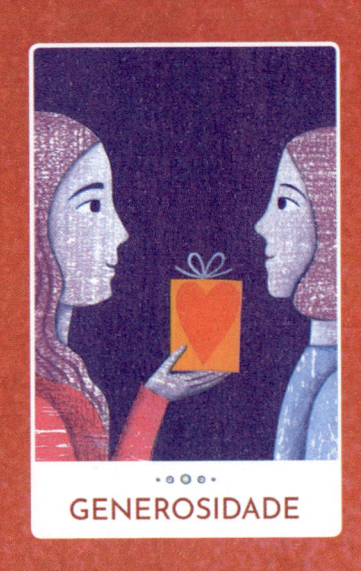

Afirmação

"Assim como adoro receber as dádivas de Deus,
também dou generosamente aos outros,
para compartilhar Suas bênçãos."

GENEROSIDADE

Como objetivo, recurso ou passo: *altruísmo, bondade, caridade, compartilhamento, inclusão, serviço ao próximo, sacrifício, desapego, fraternidade, doar o próprio tempo e a própria energia, confiança na abundância da Vida, consciência focada na abundância.*

Como obstáculo: *egoísmo, egocentrismo, ganância, avareza, contração, apego, individualismo, medo da pobreza, consciência focada na falta e na limitação.*

O propósito da vida é ser feliz, não de forma egoísta, mas incluindo a felicidade dos outros em sua própria. A Abundância Divina obedece à lei do serviço ao próximo e da generosidade: dar e receber. Tudo o que guardamos egoisticamente para nós mesmos é perdido, enquanto tudo o que damos com amor e liberdade aos outros resultará numa colheita ainda maior em termos de felicidade. Dê sem o desejo de ser recompensado; de uma forma ou de outra, suas necessidades certamente serão atendidas. Dê ao mundo o melhor que você tem e você obterá o melhor em retribuição.

BONDADE

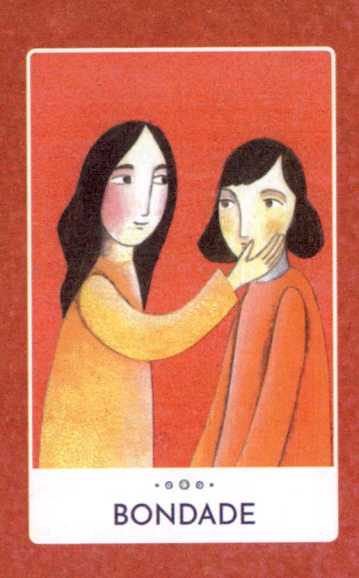

Afirmação

"Ajuda-me a espalhar as pétalas perfumadas do perdão e a responder com doçura a cada palavra amarga, com um sorriso de amor diante do ódio de qualquer tipo, com sincera bondade diante da raiva alheia e com uma bondosa fraternidade diante de cada ofensa."

BONDADE

Como objetivo, recurso ou passo: *cortesia, delicadeza, gentileza, amabilidade, harmonia, respeito, consideração, boa educação.*

Como obstáculo: *falta de gentileza, aspereza, falta de cortesia, amargura, falta de respeito, desarmonia, grosseria.*

Se você tratar os outros com falta de educação, receberá o mesmo em troca, tanto das outras pessoas quanto da vida. Seu coração também ficará duro e estéril. Para ser gentil, você não precisa concordar com tudo. No entanto, se discordar, sempre mantenha a calma e seja cortês. Seja qual for a provocação que estiver sofrendo, controle a situação com o seu sereno silêncio ou com palavras sinceramente amáveis, para mostrar que sua bondade é mais poderosa do que as coisas desagradáveis que o outro está fazendo ou dizendo. Torne-se mais atraente adornando seu ser com a elegância que vem da alma.

ALEGRIA

Afirmação

"Vou assistir às tragédias e comédias desta vida em permanente mutação com uma atitude de imutável felicidade."

ALEGRIA

Como objetivo, recurso ou passo: *felicidade, alegria, contentamento, satisfação, bem-aventurança, positividade, leveza, otimismo, dizer "sim" à vida, cultivar dentro de si um "paraíso interior", sentir-se feliz independentemente das circunstâncias, rir, divertir-se, compartilhar momentos felizes com os outros, união com Deus.*

Como obstáculo: *falta de alegria, tristeza, infelicidade, descontentamento, negatividade, peso, pessimismo, tendência para dizer sempre "não", altos e baixos emocionais, tendência para se deixar perturbar por circunstâncias negativas.*

Tome a decisão de ser feliz, não importa se você é rico ou pobre, saudável ou doente, bem amado ou mal amado, jovem ou velho, com um sorriso no rosto ou com os olhos cheios de lágrimas. Não espere mudar a si mesmo, sua família ou seu ambiente para encontrar a felicidade dentro de si mesmo. Você decide ser feliz em seu coração agora, não importa o que faça, não importa onde esteja. Dê um trono para a paz e a alegria em seu coração. Deixe a alegria pura dançar em sua memória e Deus vai dançar com você.

GRATIDÃO

Afirmação

"Todos os dias encontrarei algo pelo qual expressar minha gratidão e, assim, cultivarei o hábito de agradecer a todas as dádivas que o Pai me concedeu."

gratidão

Como objetivo, recurso ou passo: *apreço, reconhecimento, consciência das dádivas da vida, aceitação, consciência focada na abundância.*

Como obstáculo: *ingratidão, falta de reconhecimento, falta de apreço pelas dádivas da vida, consciência focada na falta e na limitação.*

Cada dia deveria ser um dia de ação de graças por todas as dádivas da Vida: a luz do sol, a água, as frutas e os vegetais suculentos que recebemos como presentes indiretos do Grande Doador. Deus, que é perfeitamente autossuficiente, não precisa do benefício de nossos corações gratos, mas, quando demonstramos nossa gratidão à Fonte de todas as dádivas, isso é sinal de que nossa atenção está focada, para nosso bem supremo, na Grande Fonte da qual vêm todas as coisas, aquela que pode infalível e invariavelmente nos conceder dádivas duradouras de sabedoria, abundância e tesouros espirituais, sem estar confinada aos limites do ser humano.

ORIENTAÇÃO INTERIOR

Afirmação

"Eu raciocino, quero, ajo, mas Tu guias a minha razão, a minha vontade e as minhas ações, para que eu saiba a coisa certa a fazer."

ORIENTAÇÃO INTERIOR

Como objetivo, recurso ou passo: *intuição, escutar a voz interior, desejo de ser orientado, contato com o Eu, sintonia, percepções sutis, entrega, confiança, fé.*

Como um obstáculo: *incapacidade de perceber ou interpretar corretamente a orientação interior, desejo de decidir tudo sozinho, falta de harmonia, falta de intuição, falta de fé, racionalidade excessiva.*

Lembre-se de que Deus está sempre ao seu lado, para orientar e estimular você. Aprenda a ouvir, ao longo do dia, essa Voz interior que o orienta.

Cada vez que você meditar, após praticar as técnicas, sente-se em silêncio por alguns minutos. É durante esse período que você será capaz de aprofundar sua consciência da presença de Deus dentro de você. Mergulhe cada vez mais profundamente nessa presença.

Quanto mais demorada e profundamente você sentir essa paz interior, mais rápido a sua intuição se desenvolverá. A intuição é a percepção da alma.

INSPIRAÇÃO

Afirmação

"Seja qual for o trabalho que sou chamado a fazer, sei que há uma maneira de infundi-lo com beleza e inspiração. Que eu esteja sempre aberto para reconhecer a beleza e a inspiração criativa."

INSPIRAÇÃO

Como objetivo, recurso ou passo: *elevação, pensamento elevado, alimento para a alma, devoção, encorajamento, paixão, criatividade, entusiasmo, sintonia com o Divino, intuição.*

Como obstáculo: *falta de inspiração, falta de sensibilidade, apatia, tédio, monotonia, desânimo, sentimento de desconexão com Deus.*

A vida deve ser uma inspiração contínua. Viver mecanicamente é como estar morto por dentro, mesmo que o corpo continue a respirar!

Você pode receber inspiração no momento em que quiser. Para isso, concentre-se profundamente no seu olho espiritual, entre as sobrancelhas; concentrando-se nesse ponto, peça a inspiração que você gostaria de receber. Deus é a fonte de sabedoria e inspiração radiante que flui em todas as almas; é o amor que inspira nossos sonhos de amor. Sintonize a sua vida com a Vida Divina e ela se tornará uma longa e ininterrupta inspiração.

LEVEZA

Afirmação

"Abençoa-me, para que eu possa ver pela janela todas as minhas alegres atividades. Não me perde de vista e sempre me alegra e anima enquanto estou ocupado com minhas tarefas diárias."

LEVEZA

Como objetivo, recurso ou passo: bom humor, jeito espirituoso, inocência, espontaneidade, liberdade, não se levar muito a sério, ver a vida como uma comédia, fé, fluir com a vida, colocar os problemas nas mãos de Deus.

Como um obstáculo: peso, seriedade excessiva, muitos fardos, senso de responsabilidade excessivo, levar-se muito a sério, falta de senso de humor, tendência para dramatizar, incapacidade de fluir com a vida e de confiar em Deus.

Viva muito alegre e feliz, porque este é o sonho de Deus, é o jogo de Deus. Você não tem que levar tudo a sério, nem você mesmo. As coisas serão como têm que ser; a vida segue, sempre de forma imprevisível. Aceite tudo como a vida lhe apresentar e diga a si mesmo que tudo vem Dele.

Deixe sua alma sorrir através do seu coração e seu coração sorrir através dos seus olhos.

LIBERDADE

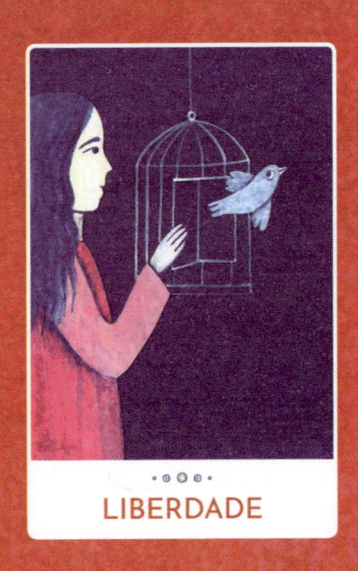

Afirmação

"Que eu possa manter a minha consciência sempre livre e serena, para que a Tua vida, tão vasta, se manifeste através da minha, tão pequena."

LIBERDADE

Como objetivo, recurso ou passo: *leveza, desapego, desprendimento, renúncia, autorrealização, não conformismo, emancipação, independência, autodeterminação, ser "criador" da própria vida.*

Como obstáculo: *falta de liberdade, sentimento de aprisionamento ou bloqueio, apego, condicionamento, conformismo, medo do julgamento dos outros, dependência, ser "vítima" da vida.*

Nenhuma prisão provocada por sofrimento, pobreza ou ignorância pode mantê-lo prisioneiro se você estiver pronto para se libertar. Liberte a mente do corpo com a faca afiada da calma e do silêncio. Desconecte a consciência do corpo, do pequeno corpo ao qual você está preso. Expanda a sua consciência, para que ela vá além do corpo. Quando enfoca a sua alma, você consegue se libertar dos desejos mundanos e encontrar a liberdade eterna.

A felicidade floresce naturalmente no coração daqueles que têm a alma livre.

HONESTIDADE

Afirmação

"Vou observar meus pensamentos para ter certeza de que estão corretos. Assim saberei que minhas palavras serão sinceras e úteis e que produzirão naturalmente boas ações."

HONESTIDADE

Como objetivo, recurso ou passo: *sinceridade, integridade, transparência, fibra moral, ética, dharma (ação certa), autoanálise, introspecção.*

Como obstáculo: *desonestidade, falta de sinceridade, mentiras, falta de fibra moral, mau comportamento, adharma, ilusão, falta de introspecção.*

Seja sincero com todos e, acima de tudo, seja sincero consigo mesmo. Uma atitude mental de constante integridade e coragem é absolutamente necessária para a realização das próprias necessidades e dos próprios desejos.

A introspecção é um espelho no qual você pode observar partes da sua mente que, de outro modo, permaneceriam ocultas do seu olhar. Analise quem você é, o que deseja se tornar e quais tendências ou deficiências o impedem de chegar onde quer. Decida qual é a sua tarefa mais profunda e secreta, a sua missão na vida, que o faça se tornar quem você gostaria de ser e nasceu para ser.

PAZ

Afirmação

"Ensina-me a construir para Ti um templo de paz aonde quer que eu vá, no terreno da atividade e no do silêncio."

PAZ

Como objetivo, recurso ou passo: *silêncio, quietude, harmonia, relaxamento, calma, desapego, equanimidade, aceitação, contentamento, meditação, fé.*

Como obstáculo: *falta de paz, desarmonia, inquietação, agitação, confusão, tumulto, tensão, estresse, emoções descontroladas, apego, medo, incapacidade de meditar.*

Seja ativo em sua tranquilidade e tranquilo em sua atividade. Abra bem as portas da calma e deixe os passos do silêncio entrarem suavemente no templo de todas as suas atividades.

Cumpra seu dever pacificamente. Por trás das batidas do seu coração, você sentirá palpitar a Paz de Deus. Preencha seu coração com a paz da meditação.

POSITIVIDADE

Afirmação

"Deixa-me ver apenas a beleza, apenas a bondade, apenas a verdade, apenas a Tua fonte de felicidade eterna e imortal."

POSITIVIDADE

Como objetivo, recurso ou passo: otimismo, confiança, pensamento positivo, dizer "sim" à vida, ter olhos para a beleza, ver o melhor em si e nos outros, consciência voltada para soluções.

Como obstáculo: negatividade, pessimismo, desconfiança, tendência a dizer "não" à vida, foco em coisas desagradáveis, vitimização, consciência focada nos problemas, apego a lembranças dolorosas.

Quando nos fixamos no lado negativo das situações por muito tempo, acabamos por adquirir qualidades negativas. Quando nos concentramos no que é bom, nos enchemos de bondade.

Mude a tendência dos seus pensamentos; livre-se de todos os hábitos mentais negativos. Substitua-os pelo hábito de ter pensamento positivos e de fé e aplique-os em sua vida diária com inabalável confiança.

PODER

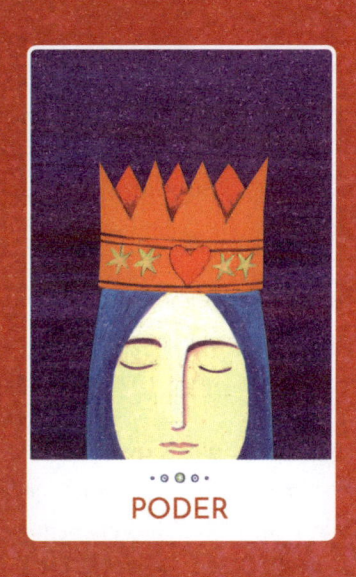

Afirmação

"Compreendo que o poder de Deus é ilimitado e, por ter sido feito à Sua imagem e semelhança, eu também tenho o poder de superar qualquer obstáculo."

PODER

Como objetivo, recurso ou passo: *força, habilidade, tenacidade, sucesso, autoridade, liderança, magnetismo, autocontrole, maestria, poder mental, poder espiritual.*

Como obstáculo: *fraqueza, falta de autoridade, fracasso, falta de liderança, energia dispersa, passividade, submissão, escravidão dos sentidos.*

Suas habilidades divinas estão preservadas dentro de você, intactas. Aprenda a acalmar as ondas mentais com a varinha mágica da superconcentração e você vai contemplar, sem qualquer distorção, a sua capacidade absoluta para conquistar tudo.

Se continuar a se esforçar para ser melhor, você descobrirá que, por ter sido criado à imagem e à semelhança de Deus, você é dotado de um poder ilimitado, muito mais forte do que as piores provações.

PUREZA

Afirmação

"Faz-me puro e transparente para que Tu possas brilhar através de mim."

PUREZA

Como objetivo, recurso ou passo: *clareza, honestidade, moralidade, inocência, franqueza, limpidez, candura, transparência, pensamento não contaminado, integridade, incorruptibilidade, autenticidade, positividade.*

Como obstáculo: *impureza, desonestidade, falsidade, fantasia, engano, sujeira, malícia, hipocrisia, ambiguidade, inimizade, negatividade, manipulação.*

Deus não olha para o seu exterior, nem para as suas ações ou fraquezas. Se você é puro interiormente, ele vem até você, porque sabe que foi ele quem o colocou neste mar de problemas e que é Dele a responsabilidade de tirá-lo.

Todas as manhãs, ao lavar o corpo e prepará-lo para as atividades do dia, purifique também a sua mente do medo, do preconceito e de qualquer atitude negativa. Se a mente estiver livre das larvas mentais da raiva, da preocupação e do medo, e a alma estiver livre da ignorância, nenhuma doença ou carência material lhe ocorrerá.

SABEDORIA

Afirmação

"Ensina-me a contemplar a imagem perfeita
da sabedoria no espelho de
minha constante quietude interior."

SABEDORIA

Como objetivo, recurso ou passo: *discernimento, conhecimento, compreensão, prudência, reflexão, estudo, experiência, maturidade, profundidade, verdade, sintonia, intuição.*

Como obstáculo: *falta de sabedoria, tolice, ignorância, superficialidade, imaturidade, ilusão, imprudência, falta de sintonia, falta de intuição.*

A ignorância é a causa de todo sofrimento. Se curar sua mente da ignorância, você terá curado seu corpo, sua mente e sua alma. Se conhecer as leis da verdade, você pode eliminar do seu corpo as doenças e tornar-se o que você quer ser.

Não tenha medo da ignorância temporária deste mundo, pois no fundo da sua alma está enterrado o segredo da sabedoria de Deus

SAÚDE

Afirmação

"As células do meu corpo são feitas de luz, as células do meu corpo são feitas de Ti.
Elas são perfeitas, porque Tu és perfeito.
Elas são saudáveis, porque Tu és saudável. Sou Espírito, porque Tu és Espírito.
Elas são imortais, porque Tu estás vivo."

SAÚDE

Como objetivo, recurso ou passo: *bem-estar, vitalidade, energia, força, sentir-se jovem, respeito pelo corpo, equilíbrio, alimentação balanceada, exercícios, pensamento positivo, consciência focada na saúde, capacidade de autocura.*

Como obstáculo: *doença, fraqueza, falta de energia, sensação de velhice e fragilidade, falta de equilíbrio, desrespeito pelo corpo, má alimentação, falta de exercícios, negatividade, hipocondria, uso excessivo de procedimentos médicos e medicamentos, consciência focada na doença.*

Não é porque não está internado num hospital que você é uma pessoa saudável. Ser saudável significa ser capaz de resistir a doenças, suportar esforços, estimular a vitalidade mental e perceber o corpo como um bem precioso – como um pássaro voando no céu e uma criança sempre em movimento.

A saúde é a recompensa de termos uma vida equilibrada. Seja seletivo em sua alimentação, atento aos seus exercícios físicos, alerta em seu pensamento e focado em seu autodesenvolvimento.

SIMPLICIDADE

Afirmação

"Vou acender uma fogueira com todos os meus desejos e jogá-los na chama cada vez mais intensa do meu único desejo de conhecer Deus. Encontrando-O, encontrarei um suprimento de felicidade perene e inesgotável."

SIMPLICIDADE

Como objetivo, recurso ou passo: *moderação, capacidade de ser feliz com pouco, contentamento, modéstia, humildade, sobriedade, espontaneidade, naturalidade, franqueza, facilidade, essencialidade.*

Como obstáculo: *complexidade excessiva, requinte excessivo, vaidade desmedida, desejos sempre novos, descontentamento, arrogância, orgulho, artifício, afetação.*

A felicidade flui espontaneamente, como um riacho na montanha após as chuvas de primavera, nas mentes que se contentam em viver com simplicidade e que, de bom grado, abrem mão das chamadas "necessidades desnecessárias".

Uma vida simples, acompanhada de ideais elevados, leva à felicidade maior.

Não busque grandeza, busque espiritualidade. A maior recompensa é a de quem encontra Deus.

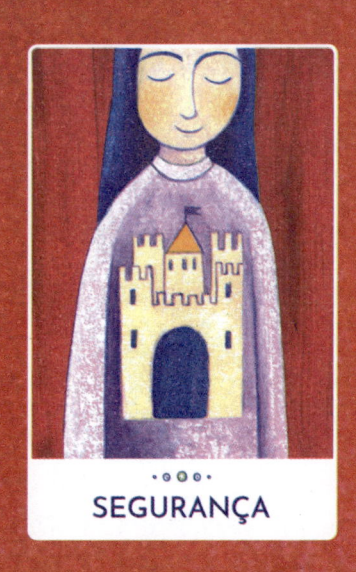

SEGURANÇA

Afirmação

"Na alegria e na dor, na vida e na morte, estou sempre envolto em Teu manto protetor invisível."

SEGURANÇA

Como objetivo, recurso ou passo: *proteção, apoio (dado e recebido), fé, autoconfiança, confiança na vida, buscar segurança em si mesmo e em Deus.*

Como obstáculo: *insegurança, medo, sensação de incerteza, não se sentir apoiado, incapacidade de sustentar outras pessoas, falta de fé e confiança, buscar segurança nas coisas externas.*

Extermine o medo recusando-se a ter medo. Esteja consciente de que você está seguro atrás das muralhas da segurança eterna de Deus, mesmo quando imerge nos mares do sofrimento ou quando a morte bate à sua porta. Os raios protetores de Deus podem dissipar as nuvens ameaçadoras do Dia do Julgamento, acalmar as ondas da adversidade e mantê-lo seguro em um castelo e no campo de batalha da vida, enquanto as balas das provações sibilam ao seu redor.

SINTONIA

Afirmação

"Pai Celestial, a partir de hoje vou transmitir no éter o chamado da minha alma e Tu haverás de responder através do receptor do meu silêncio."

SINTONIA

Como objetivo, recurso ou passo: *harmonia, conexão, capacidade de escutar os outros e a si mesmo, empatia, harmonia consigo mesmo, com os outros, com a natureza, com a vida, com Deus.*

Como obstáculo: *falta de sintonia, desarmonia, desconexão, sensação de separação, incapacidade de ouvir e compreender a si mesmo ou aos outros.*

Mantenha-se em sintonia com a Força Magnética Divina. Pense em Deus o tempo todo e Ele sempre estará com você, onde quer que você vá. Então, todos os seus bons votos, mesmo aqueles que foram feitos num passado distante, vão se tornar realidade. Em harmonia com a Fonte Infinita, você entenderá que foi feito à imagem Dele e que possui todas as qualidades que Ele tem. Você vai se sentir como o Criador, dotado de poder infinito.

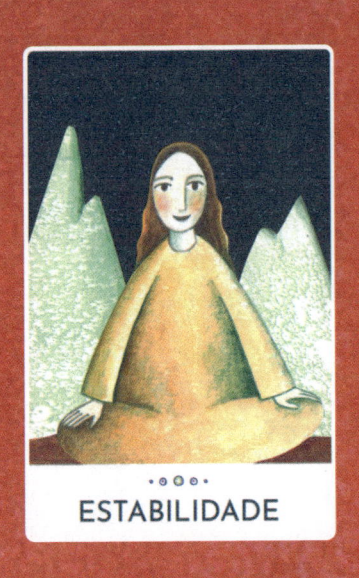

ESTABILIDADE

Afirmação

"Na doença ou na saúde, no sucesso ou no fracasso, na pobreza ou na riqueza, na alegria ou na dor, no desastre ou na segurança, na vida ou na morte, eu permaneço imutável, inalterável e inabalavelmente fiel e devotado a Ti, e eu Te amo profundamente, meu Pai Celestial, para sempre, para sempre, para sempre!"

ESTABILIDADE

Como objetivo, recurso ou passo: *firmeza, constância, solidez, enraizamento, concretude, equilíbrio, calma, centramento, confiabilidade, lealdade, fidelidade.*

Como obstáculo: *instabilidade, falta de alicerces e raízes, inconstância, temperamento volúvel, fragilidade, instabilidade, falta de centramento, agitação, deslealdade, traição.*

Se você fica o tempo todo soprando a chama de uma vela, como pode querer que ela tenha uma chama estável? Do mesmo modo, se continuar remoendo seus sentimentos, vai viver em constante tumulto emocional, inebriado pelos pensamentos alvoroçados. Mas, assim, como vai conseguir se inebriar da bem-aventurança divina? Lembre-se sempre de que, se você estiver em paz interiormente, nada poderá incomodá-lo.

Você deve ser capaz de permanecer sereno em meio à confusão ruidosa de mundos que se fragmentam!

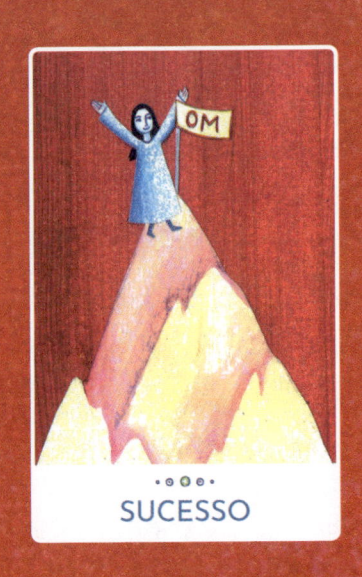

SUCESSO

Afirmação

"Vou transformar todas as circunstâncias, boas ou ruins, em instrumentos de sucesso. Diante de uma alma intrépida, até mesmo os perigos iminentes se transformam em bênçãos divinas."

SUCESSO

Como objetivo, recurso ou passo: *vitória, realização, reação afirmativa, fama, popularidade, contentamento, expressão de talentos e habilidades, consciência focada nas oportunidades, autoconfiança e confiança na vida, pensamento positivo, perseverança.*

Como um obstáculo: *fracasso, falhas, inaptidão, incapacidade de manifestar os próprios talentos, falta de autoconfiança, incapacidade de aproveitar oportunidades, negatividade, pessimismo, inconstância.*

Seus pensamentos o levarão inevitavelmente ao fracasso ou ao sucesso; depende de qual pensamento for mais forte. Portanto, acredite firmemente em seus planos, use seus talentos para realizá-los e seja receptivo, para que Deus possa agir através de você. Você deve dar o seu melhor, mas o seu melhor será coroado de sucesso na mesma medida em que você entender que não é você mesmo quem age, mas Deus que age através de você, inspirando e guiando a sua caminhada.

Busque o sucesso em qualquer lugar e você sempre o encontrará. É mais fácil ter sucesso do que fracassar.

TRANSCENDÊNCIA

Afirmação

"Sou um filho da Imortalidade, enviado para interpretar o drama do nascimento e da morte, mas sem nunca me esquecer do meu Eu imortal."

TRANSCENDÊNCIA

Como objetivo, recurso ou passo: *elevação, transformação, mudança, inspiração, consciência da própria natureza, percepção de realidades sutis, sintonia com o Eu Superior.*

Como obstáculo: *limitação, contração, identificação com o corpo e a matéria, apego, desinteresse pela mudança e pela elevação, inconsciência de realidades superiores, desconexão de si mesmo.*

Só há um caminho que a alma pode seguir: ela precisa retornar a Deus. Seu eu espiritual o chama todos os dias. É preciso entender que você não é seu corpo físico, mas o Espírito Infinito que habita nele. Toda noite diga a si mesmo: "Não sou mais este corpo; sou o Espírito onipresente; sou imortal, sou eterno".

Transmute a sua carne em Espírito. Transmute sua mente em Sua Sabedoria. Transmute a consciência do seu corpo na Consciência Onipresente.

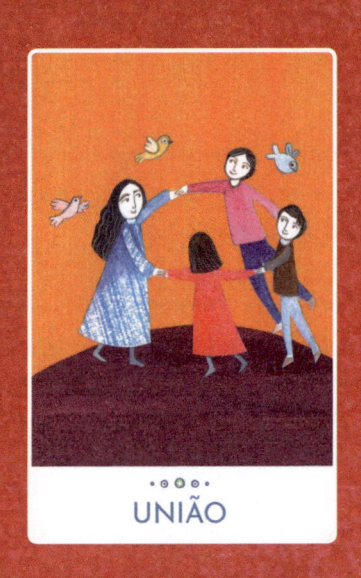

UNIÃO

Afirmação

"Ó Vibração Sagrada, que ressoa em meu corpo, em minha mente e em minha alma, ao meu redor, nas cidades, na Terra, nos planetas, no universo e em cada partícula da criação. Une a minha Consciência à Consciência Cósmica."

UNIÃO

Como objetivo, recurso ou passo: *conexão, harmonia, comunhão, fraternidade, cooperação, generosidade, completude, integração, sentimento de unidade com o Todo, união com Deus.*

Como obstáculo: *separação, fragmentação, incompletude, desconexão, desarmonia, isolamento, individualismo, solidão, falta de sintonia.*

Esqueça a sua vidinha isolada e, a partir de agora, considere-se parte da família humana, uma onda no mar da Vida universal. O próprio oceano da vida se tornou seu corpo. Feche os olhos, medite e observe sua consciência se expandir até as estrelas e tocar cada parte do céu e dos elétrons. Contemple a sua consciência como uma onda daquele mar da Consciência Cósmica, que a tudo permeia. Ressuscite a sua alma da escravidão do corpo e da mente e a una ao Espírito.

FORÇA DE VONTADE

Afirmação

"Ensina-me a tornar incessante a minha vontade, até que a centelha da minha vontade brilhe como a Chama Cósmica da Tua vontade onipotente."

FORÇA DE VONTADE

Como objetivo, recurso ou passo: *determinação, intenção, poder de decisão, força, desejo, disponibilidade, energia, entusiasmo, poder de realização, sucesso.*

Como obstáculo: *indiferença, vontade fraca ou mal direcionada, fraqueza, irresolução, insegurança, indecisão, preguiça, falta de energia, apatia, fracasso.*

Quanto mais forte a vontade, mais forte a energia e, consequentemente, mais forte o impacto dessa energia sobre os acontecimentos da matéria. Uma vontade forte, especialmente quando combinada com a consciência da Energia Cósmica, é capaz de operar milagres. Pode curar doenças e fazer uma pessoa viver bem. Garante o sucesso em qualquer negócio.

O poder de uma vontade forte, guiada pela sabedoria divina, é ilimitado. Nada é impossível para quem a tem.

Paramhansa Yogananda (1893-1952) foi o primeiro grande mestre de yoga a estabelecer residência permanente num país do Ocidente. *Autor do best-seller mundial* Autobiografia de um Iogue, *publicado pela primeira vez em 1946, é considerado uma das principais figuras espirituais do nosso tempo. Yogananda foi a peça-chave para tornar o yoga e a meditação amplamente conhecidos e praticados no Ocidente. Ele ensinava que a essência de cada religião é a mesma: o caminho para a união com o Infinito, conhecido como "autorrealização". Seu amor, sua profundidade e a universalidade dos seus ensinamentos inspiraram milhões de pessoas. De Yogananda, a Editora Pensamento publicou* Como Ter Saúde e Vitalidade, Como Ser Feliz o Tempo Todo, Como Alcançar o Sucesso, Como Despertar seu Verdadeiro Potencial, A Essência da Autorrealização *e* Pequenas Grandes Histórias do Mestre, *entre outros.*

Sahaja Mascia Ellero, discípula do grande mestre de yoga Paramhansa Yogananda, traduz para o italiano e revisa as obras de Yogananda e seu discípulo direto Swami Kriyananda há quase vinte anos. Ela mora em Ananda Assis, uma comunidade espiritual fundada por Swami Kriyananda na Itália, e é professora e conselheira espiritual na tradição Ananda. Muito apreciada por seu entusiasmo, sua clareza e sua capacidade de ajudar as pessoas a encontrar soluções práticas, Sahaja é especialista na psicologia espiritual baseada nos ensinamentos de Yogananda, que ela compartilha em cursos de grande sucesso. Em 2013, criou um método de *coaching* espiritual chamado O Próximo Passo®, fundamentado nas técnicas de Yogananda, para ensinar as pessoas a receber orientação interior e recriar conscientemente a própria vida.

Poucos meses antes de Paramhansa Yogananda deixar o corpo físico, um discípulo lhe perguntou: "Senhor, quando não pudermos mais vê-lo fisicamente, você ainda estará tão perto de nós quanto está agora?". O Mestre respondeu com profunda seriedade: "Para aqueles que pensam em mim como estando perto, eu estarei perto".

Nicoletta Bertelle, reconhecida internacionalmente pela natureza poética de suas ilustrações, nasceu em Pádua, Itália, onde se formou no Art Institute. Participou de cursos com ilustradores renomados, como Stepan Zavrel (seu principal professor), Emanuele Luzzati e Jozef Wilkon. Ela publicou mais de 110 livros – dos quais é autora de muitos – para importantes editoras italianas e estrangeiras. Convidada a participar de muitas das mais importantes mostras internacionais de ilustração, Nicoletta também foi a criadora do projeto pedagógico da exposição "As Cores do Sagrado". Por mais de 25 anos, manteve oficinas, cursos e encontros com o autor em escolas, bibliotecas, livrarias e museus e colaborou em projetos educacionais. Além de ser ilustradora, atua também com pintura em madeira e criação de cenários e instalações. Nicoletta Bertelle ilustrou o livro de Yogananda: *Pequenas Grandes Histórias do Mestre*, publicado pela Editora Pensamento.